Peter Lauterbach

Störtebeker

Rhino Westentaschen-Bibliothek
Band 106

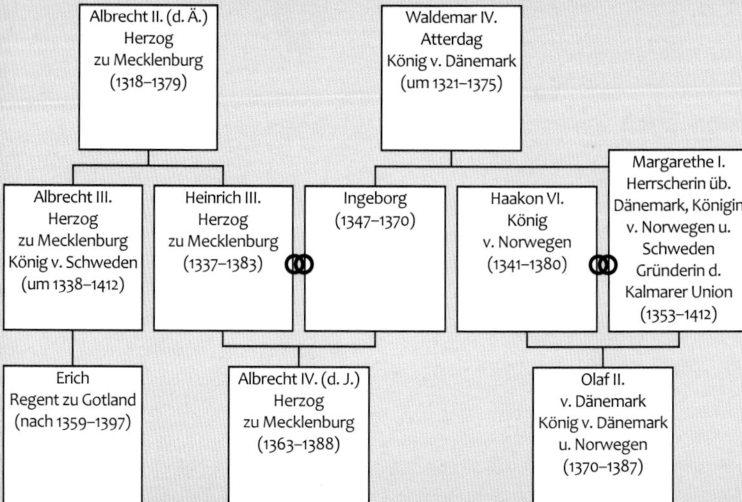
Albrecht II. (d. Ä.) Herzog zu Mecklenburg (1318–1379)
Waldemar IV. Atterdag König v. Dänemark (um 1321–1375)
Albrecht III. Herzog zu Mecklenburg König v. Schweden (um 1338–1412)
Heinrich III. Herzog zu Mecklenburg (1337–1383)
Ingeborg (1347–1370)
Haakon VI. König v. Norwegen (1341–1380)
Margarethe I. Herrscherin üb. Dänemark, Königin v. Norwegen u. Schweden Gründerin d. Kalmarer Union (1353–1412)
Erich Regent zu Gotland (nach 1359–1397)
Albrecht IV. (d. J.) Herzog zu Mecklenburg (1363–1388)
Olaf II. v. Dänemark König v. Dänemark u. Norwegen (1370–1387)

Peter Lauterbach

Störtebeker

Über das Leben des Seeräubers Klaus Störtebeker und das Fortleben seiner Legende

RHINOVERLAG

Trotz gewissenhafter Bearbeitung kann eine Haftung für den Inhalt nicht übernommen werden. Für aktuelle Ergänzungen und Anregungen ist der Verlag jederzeit dankbar. Wir bedanken uns bei allen, die uns unterstützt haben.

Titelbild: Hamburg, Hafencity, Störtebeker-Denkmal (1982),
Foto: Stefan Loss (AdobeStock), Denkmal: Hansjörg Wagner (1930–2013)
Rückseite: Marienhafe, Störtebeker-Denkmal (1992),
Foto: Peter Lauterbach, Denkmal: Karl-Ludwig Böke (1927–1996)

Fotos: Peter Lauterbach, außer Seite 8: Herrick; Seite 37: Anette Cotta;
Seiten 42, 46, 56: Franziska Hyneck; Seiten 48/49: Droysens/Andrée;
Seite 86: Bengt Oberger, CC BY-SA 3.0;
Seite 92: Förderverein Poeler Kogge e.V.
Störtebeker-Festspiele:
Die Szenenfotos stammen von den Aufführungen in den Jahren
2009: „Das Vermächtnis", Seite 83;
2015: „Auf Leben und Tod", Seite 78;
2016: „Im Schatten des Todes", Seiten 55 und 77;
2017: „Ruf der Freiheit", Seite 74;
2018: „Schwur der Gerechten", Seiten 15, 32, 41, 61, 69, 70;
2023: „Gotland unter Feuer", Seiten: 34/35

Impressum

Am Hang 27, 98693 Ilmenau
Tel.: 03677 / 46628-0, Fax: 03677 / 46628-80
www.RhinoVerlag.de

Layout, Satz: Ute Schmidt, Geraberg
Schrift: Adobe Caslon Pro
Titelgestaltung: Jana Rogge, Weimar

1. Auflage 2024

ISBN: 978-3-95560–106-5

INHALTSVERZEICHNIS

Einleitung

Ein Popstar aus dem Mittelalter

Wer an die Nord- und Ostseeküsten fährt, der schließt unausweichlich Bekanntschaft mit einer Figur, deren Spur sich aus dem fernen Mittelalter bis zum kühlen Bier im Strandkorb schlängelt: Klaus Störtebeker. Ein Name der nach rauer See klingt, nach kühnem Heldenmut und echten Männern. Mit dem nicht nur – und das recht erfolgreich – eine Stralsunder Brauerei oder eine Rügener Schnapsbrennerei werben.

Auch musikalisch hinterlässt Klaus Störtebeker zeitlos Spuren: Eine der ersten deutschen Barockopern trägt den Namen „Störtebeker und Jödge Michael". Und eine ziemlich bekannte Shanty-Rockband besingt die so spektakuläre wie sagenumwobene Hinrichtung des „Likedeelers" und 73 seiner Gefolgsleute in Hamburg vor über 600 Jahren.

Der Hamburger Störtebeker schaut trotzig und erhaben auf die Stadt, deren Kaufleute ihn einst zur Strecke brachten.

Die Hansestadt, deren Händler in diversen Störtebeker-Erzählungen zu raffgierigen „Pfeffersäcken“ mutieren, hat dem wohl 1400 vor ihren Toren mit dem Schwert Gerichteten sogar ein Denkmal aufgestellt – passenderweise am „Störtebeker Ufer“.

Die nach dem berühmten Seeräuber benannten Festspiele ziehen jährlich hunderttausende Besucher nach Ralswiek auf die Insel Rügen, wo auf großer Bühne am Bodden mit viel Fantasie und doch immer entlang der Spur der historischen Überlieferung von den Abenteuern jenes sagenhaften Mannes erzählt wird, dessen Leben sich

Historische Abbildung einer mittelalterlichen Kogge auf einem Stralsunder Siegel

doch so schwer aus der Geschichte schälen lässt. Mit pompöser Kulisse und großer Spielerschaar übrigens.
Längst ist Klaus Störtebeker im Norden der Republik zu einer Marke geworden. Er steht so selbstverständlich fürs maritime Flair wie das Fischbrötchen vom Kutter. Und gilt als unbestechliche Identifikationsfigur, dessen klangvoller Name mal fürs urige Ambiente herhalten muss, mal für norddeutsche Bodenständigkeit, mal für kulinarischen Genuss und mal für spannendes Abenteuer. Wie ein Popstar aus dem Mittelalter begegnet er den Menschen im Norden auf Schritt und Tritt. Die Begeisterung für einen Mann, der nur schemenhaft aus dem Dunkel tritt, hat auch seine eher martialische Hauptbeschäftigung ins Heldenhafte umgedeutet: Aus Kaperfahrten, militärischen Hilfsdiensten und Seeräuberei werden gute Taten: Schließlich nehmen Leute wie Klaus Störtebeker angeblich von den Reichen und geben den Armen. Auch wenn solches Tun viele Jahrhunderte zurück liegt – der Legende ist das alle Ehren wert.

Allerlei Seemannsgarn

Legenden über den berühmten Seeräuber

Volkes Fantasie nährt die Legende des berühmten „Likedeeler“ oder „Vitalienbruder“ Klaus Störtebeker und einiger seiner Mitstreiter seit mehr als einem halben Jahrtausend. Vielleicht, weil es eine Sehnsucht der Menschen nach einem gerechten Lauf der Dinge gibt, der sich in der Wirklichkeit so nicht findet. Helden treten in Erscheinung, die für eine bessere Welt streiten. Auf sie projizieren sich Hoffnung und Fantasie. Je öfter von ihnen erzählt wird, umso mehr vermischen sich historische Überlieferung und Dichtung. Am Ende sind beide nicht mehr zu trennen. Und der Held wird im Lauf der Jahrhunderte zu einer Figur, die gleichsam universelle Menschheitsideale verkörpert. Der Historiker Matthias Puhle meint zudem, der von der Geschichte der Hanse geprägte Norden sei „arm an überragenden Persönlichkeiten“. Ein Seeräuber, von dem sich abenteuerliches Seemannsgarn erzählen lässt, kommt da gerade recht. So ist es wohl der

Entschlossen blickt Klaus Störtebeker in Marienhafe ins Weite – auf ihn projizieren sich zahlreiche Legenden.

Zufall der Geschichte, der ausgerechnet Klaus Störtebeker bis in unsere Gegenwart spült.

Die Legendenbildung setzt nicht unmittelbar nach der sagenumwobenen Hamburger Hinrichtung vermutlich am 21. Oktober 1400 ein. Erst mittelalterliche Chronisten legen dazu den Grundstein. Es ist schon merkwürdig, dass gerade ein Seeräuberhauptmann, über den die Quellen kaum etwas mitteilen, zum Helden stilisiert wird. Nicht ein einziges Wort ist von Klaus Störtebeker überliefert, kein einziger Charakterzug, nicht sein Alter oder seine Herkunft, geschweige denn sein Aussehen. Was ihm die Legende nachsagt, fällt in eine einzige Kategorie: Beteiligung am (gewerbsmäßigen) Diebstahl auf hoher See. Sei's drum, schon der Hamburger Historiker Karl Koppmann, im 19. Jahrhundert ein ausgewiesener Experte zur Geschichte der Hanse, weist der Sage das „Erinnerungsvermögen des Volkes" zu. Und zu den Lieblingen der Sage gehöre Klaus Störtebeker.

Was zeitgenössische Quellen nicht verraten, fügen Chronisten späterer Jahrhunderte in nahezu unendlicher Vielfalt hinzu: Etwa den Vornamen Klaus, den die Quellen nicht kennen. Störtebeker wird, sollte es sich um die ein und dieselbe Person handeln, einmal „Nicolao" genannt, rund 20 Jahre später „Johann". Die anfängliche Hinzudichtung verselbstständigt sich irgendwann zur Sagenbildung in vielen Erzählungen, die immer neue Details kennt und von Nordfriesland über Schleswig-Holstein bis nach Mecklenburg und Pommern reicht. Das fängt schon beim (historisch überlieferten Namen) Störtebeker an, der ein Gefäß mit Deckel bezeichnen soll. Außerdem war ein solcher Störtebeker das Erkennungszeichen von Wirtshäusern, weswegen die Legende auch vermutet, Klaus Störtebeker könnte einer Wirtsfamilie entstammen.

Aus dem Namen Störtebeker – der auch als Stertebeker, Storbiker oder Stortebeker auftaucht – macht die Legende „Stürz den Becher“, wovon sich die Fähigkeit des Seeräubers zu enormen Bierkonsum ableitet. Bis zu vier Liter-Humpen soll Störtebeker hintereinander geleert haben. Und angeblich muss zwei Mal hintereinander einen solchen Becher leeren, wer Aufnahme in die Mannschaft Goedeke Michels, seinem angeblich engsten Mitstreiter, begehrt. Bereits rund 150 Jahre nach den Ereignissen setzt sich die Legende aus vielen Einzelerzählungen – losgelöst von historischen und örtlichen Kontexten – zusammen, die in einem großen Teil des Ostseeraums verbreitet sind.

Ein Hinweis darauf ist das sogenannte Störtebekerlied, das um 1550 mit über 20 Strophen

erstmals veröffentlicht und in Variationen immer wieder nachgedruckt wird.
Ausgeschmückt wird die Herkunft Störtebekers: Mal kommt er aus Wismar, mal aus Barth, mal von der Insel Rügen (aus Ruschvitz im Jasmund), mal aus dem Emsland. Mal ist er ein verarmter Edelmann aus Halsmühlen oder Walle bei Verden an der Aller, mal ein ostfriesischer Häuptlingssohn. Er wird als Leibeigener auf Rügen geboren, oder als Findelkind bei einer Sturmflut an der Nordseeküste angeschwemmt. Auch eine Bleibe findet er überall: In der Störtebeker-Höhle nahe der Rügener Stubbenkammer, im Turm der Kirche von Marienhafe, in den Dünen zu Borkum, am Zickerschen Höft oder bei Wittow auf Rügen, auf den Inseln Hiddensee, Usedom, Wangerooge oder Helgoland. Über 120 Schlupfwinkel und Verstecke kennen die Erzählungen. Fast überall werden zudem Schätze des Seeräubers vermutet – die allerdings noch nie jemand zu Gesicht bekommen hat.
Zahllose Legenden beschreiben sein Aussehen: Mal als hünenhaft, mal mit blonder Mähne, mal

mit rotem Schopf, mal grimmig dreinblickend, mal mit einem Brustkorb, der Ketten sprengen könnte. Einerseits gilt er als gefürchteter Seeräuber, der nicht zimperlich mit seinen Gegnern umspringt. Andererseits tritt er als selbstloser Mann der guten Taten auf. Er stiehlt seine Beute reichen Kaufleuten (den Hamburger „Pfeffersäcken"), teilt sie gerecht unter seinesgleichen oder gibt

Auf der Bühne in Ralswiek darf Störtebeker sogar einen Adler zum Freund haben.

sie an die Armen (etwa in Verden an der Aller). Sein soziales Engagement steht im Widerspruch zu den gewalttätigen Exzessen als Seeräuber, die in der Legende das Bild eines abenteuerlichen, draufgängerischen Lebens zeichnen.

Nicht nur von Heiligen, auch von Klaus Störtebeker gibt es Devotionalien – vom Störtebeker-Helm bis zum Hinrichtungsschwert – die allerdings allesamt nicht aus der Zeit der Ereignisse stammen. Dazu passend dichtet ihm die Legende eine Ehefrau an – ausgerechnet die Tochter des Ostfriesen-Häuptlings Keno tom Brok, mit der er sogar einen Sohn gezeugt haben soll. Auf der gemeinsam bewohnten Burg verblieb, nachdem er im Jahr 1400 von den Hamburgern vor Helgoland erwischt wird, „sein mit silbernen Rosetten bestickter Hemd, sein leinener Kissenüberzug und seine golddurchwirkten Pantoffeln aus rotem

---

In Verden an der Aller feiert man Störtebeker drei Wochen vor Ostern mit einem Fest, bei dem Heringe und Störtebeker-Steven (Brot) verteilt werden. Das Denkmal symbolisiert das Vermächtnis Störtebekers, der Hunger leidenden Bevölkerung in der Fastenzeit Salzheringe und Brot zu spenden.

Samt mit ledernen Sohlen." Spätere Bewohner der Burg hätten die Sachen aufbewahrt und sie 1864 der Gesellschaft für Kunst und Altertümer Emden geschenkt. Die Pantoffeln aus diesem „Nachlass" sind noch vorhanden. 300 Jahre nach der vermutlichen Hinrichtung, prägt die Stadt Hamburg sogar zwei verschiedene Gedenkmedaillen für den Seeräuber. Das Museum für Hamburgische Geschichte beherbergt neben 1878 aufgefundenen Schädeln (mit hoher Sicherheit von enthaupteten Seeräubern vom Grasbrook) auch einen silbernen „Störtebeker-Pokal", der um 1650 aus einem angeblich von Störtebeker geraubten Kirchenschatz gefertigt wurde.

Störtebeker – ein moralisch integrer Mann? Von wegen! Jungfrauen habe der liebeslüsterne Seeräuber nachgestellt, heißt es. Ein junges Mädchen entführt er von Saßnitz nach Schweden, um es dort zu heiraten – zuvor bringen seine Kumpane alle Einwohner des Ortes um die Ecke. Die Arme

---

Dieses Wismarer Relief, eines von insgesamt vier Störtebeker-Denkmalen in Deutschland.

ersticht sich, um der Schande zu entgehen. Ein anderes Mädchen „aus vornehmen Stand“ bringt der Seeräuber von einer Burg in der Nähe der Weser in den Turm der Kirche zu Marienhafe. Dort soll sie Störtebeker zu Diensten sein. Als sie sein Begehren ablehnt, weil sie bereits mit einem jungen Ritter verlobt ist, droht ihr Störtebe-

ker mit Gewalt. Die Schöne springt kurzerhand aus dem Fenster der „Störtebekerkammer" in die Fluten (Marienhafe besitzt zu dieser Zeit unmittelbar an der Kirche einen Hafen). Der Seeräuber schlägt Angreifer im Turm mit steinernen Kugeln in die Flucht, die er vom Turmzimmer der Marienhafer Kirche die enge Wendeltreppe hinunterstößt. Einige dieser Steinkugeln liegen noch immer vor der Kirche. Der Legende nach geht im Turm der Kirche zu Mitternacht ein Geist um, der einen blutigen Kopf unter seinem Arm trägt: Störtebeker findet keine Ruhe, da er geköpft

Aus Verzweiflung soll eine junge Frau aus diesem Turm der Kirche zu Marienhafe gesprungen sein. Sie wollte Störtebeker nicht zu Diensten sein.

und in ungeweihter Erde verscharrt worden ist. Viele dieser Erzählungen hat der Norder Friedrich Sundermann 1857 vor allem aus dem Volksmund zusammengetragen.

Besonders ausgeschmückt wird die Gefangennahme und Hinrichtung von Klaus Störtebeker und Goedeke Michels, die laut Legende natürlich Kumpane sind und gemeinsam geköpft werden – was nicht stimmt. Am bekanntesten ist die Erzählung, wonach der Seeräuber einige seiner Gefährten bei seiner Hinrichtung rettet. Seine Bitte, ihn zuerst zu richten und diejenigen zu schonen, an denen er ohne Kopf vorbeiläuft, wird ihm gewährt. So rettet er elf (die Legende schwankt zwischen fünf und zwölf) seiner Freunde, dann wirft ihm der Henker einen Klotz vor die Füße – oder er stellt ihm ein Bein. Die aufgespießten Schädel der Seeräuber sollen jahrelang am Hamburger Grasbrook zu sehen gewesen sein. Vor seiner Hinrichtung bietet Störtebeker den Hamburger Ratsleuten für seine Freilassung eine goldene Krone oder goldene Kette von außergewöhnlicher Länge und Schwere an. Einer andere

Legende nach hat Störtebeker sein Gold in den Masten seines Schiffes versteckt, wo es nach seiner Enthauptung bei einer sorgfältigen Inspektion zufällig entdeckt wird.
Dass die Jäger der Hanse einen Seeräuber wie ihn, der ja unglaublich stark, geschickt und kühn gewesen sein muss, überhaupt überwältigen können, gelingt der Legende nach natürlich nur durch List: Ein Spion der Hanse schleicht sich bei Nebel vor Helgoland auf Störtebekers Kogge und gießt heimlich geschmolzenes Blei in das Ruder. Dadurch wird es bewegungsunfähig. Der Pirat versucht, das Blei mit heißem Öl wieder flüssig zu machen, was misslingt – Störtebeker ist geliefert. Drei Tage soll der Kampf gedauert haben. Eine andere Legende berichtet, das Schiff der Hamburger, genannt „Die bunte Kuh", habe mit hohem Tempo Störtebekers Kogge gerammt und dann geentert. Tatsächlich kann, als die Hamburger angreifen, Störtebekers Schiff wohl wegen ungünstigem Wind die Bucht nicht verlassen.

Historische Spuren

Der Mensch hinter der Legende

Keine Figur des späten Mittelalters hat es jenseits mächtiger Könige oder wundersamer Heiliger zu einer derart allgegenwärtigen Popularität geschafft wie der Seeräuber Klaus Störtebeker. Vielleicht hat es ihn nie gegeben. Aber wenn, dann ist er einer von vielen, die im 14. Jahrhundert in der Ost- und Nordsee einem räuberischen Geschäft nachgehen. Sie legen sich dabei mit dem mächtigen Städtebund der Hanse ebenso an, wie sie zu Akteuren politischer Interessen verschiedener Seemächte, von Mecklenburgern oder Dänen werden. Eine Rekonstruktion des historischen Geschehens erweist sich als außerordentlich schwierig.

Die dürftige historische Überlieferung lässt nicht nur Volkes Fantasie, sondern auch der Erzählkraft mancher Chronisten viel Raum. So berichtet der Rechtsgelehrte Adam Tratziger rund 160 Jahre nach den Ereignissen in seiner „Chronica der Stadt Hamburg“ über das Schlüsselereignis der

Störtebeker-Erzählung: Die in der Nordsee raubenden Vitalienbrüder um „Clawes Störtebeker" seien bei Helgoland von einer Hamburger Flotte angegriffen worden, 40 von ihnen erschlagen, 70 gefangen genommen und anschließend in Hamburg geköpft worden. Andere Hamburger Quellen sprechen präzise von 73 hingerichteten Personen. Es muss ein schauerliches Blutbad gewesen sein. Noch im selben Jahr, notiert Tratziger, seien weitere 80 Vitalienbrüder nebst ihrem Anführer „Godeken Michael" – den die Legende später als „Goedeke Michels" zum wichtigsten Freund und Gefährten Klaus Störtebekers macht – gefangen genommen und ebenso in Hamburg hingerichtet worden. Womit die beiden Hauptfiguren der Störtebeker-Legende benannt sind. Aber, kann man dieser Überlieferung trauen?

Die historische Forschung ist sich uneins über die Aussagekraft dieser Chronik, denn sie entsteht um 1560. Zu einem Zeitpunkt also, in dem die Legendenbildung über die umtriebigen, für den mächtigen Handels- und Städtebund der Hanse gefährlichen Seeräuber längst eingesetzt hat.

Und sie greift hierfür auf die Notizen mehrerer zeitgenössischer Chronisten und Geschichtsschreiber wie etwa den Lübecker Lesemeister Hermann Corner zurück. Die Hamburger Hinrichtung und damit die Abrechnung der Hanse mit den lästigen Vitalienbrüdern ist ein schöner Stoff für Chronisten. Gleichsam urteilend greifen sie in den Lauf der Dinge ein, was den Wert von Chroniken als zuverlässige Zeitzeugnisse natürlich schmälert: So meint Adam Tratziger über die Hinrichtung von Störtebeker und Kumpane voller Inbrunst: „Sie bekamen, was sie verdienten."

In der historischen Forschung ist umstritten, ob Klaus Störtebeker überhaupt gelebt hat. Denn es gibt im Gegensatz zur Überlieferung der Geschichtsschreiber nur wenige echte Quellen, in denen ein Vitalienbruder mit dem Namen „Störtebeker" (oder so ähnlich) überhaupt auftaucht.

Das Hamburger Rathaus – bei den „Pfeffersäcken" galten die Seeräuber, die sie einst enthaupten ließen, erst lange Zeit nach deren Tod als erinnerungswürdig.

Wenn es einen Seeräuberhauptmann mit diesem Namen gab, dann wird er erstmals 1380 in einer wismarschen Quelle genannt, taucht dann mehrmals in englischen Klageschriften (aus dem Jahr 1404) wegen Seeräuberei in den 1390er-Jahren auf, und wird schließlich noch einmal in einer Urkunde Albrechts von Holland 1400 aufgeführt. Zur Ironie der Geschichte gehört, dass sich die Legende ausgerechnet um Klaus Störtebeker strickt, einem offenbar „normalen" Hauptmann der Vitalienbrüder. Goedeke Michels, zur gleichen Zeit ein Anführer der Vitalienbrüder, ereilt das gleiche Hamburger Schicksal, tritt aber als offenbar gefährlicherer und mächtigerer Anführer aus den Quellen: Er wird häufiger namentlich genannt – allerdings nur in den Jahren 1394 bis 1401. Während Störtebeker offenbar schon 1380 aus dem Dunkel der Geschichte tritt. Über eine Freundschaft der beiden ist nichts bekannt, eine zumindest zeitweise Zusammenarbeit bei Kaperfahrten auf See ist dagegen wahrscheinlich. Aus welchen Verhältnissen beide stammen, woher sie kommen und wie alt sie sind, lässt sich nicht sagen. Die Legende der Vitalienbrüder um Klaus Störtebeker und Goedeke Michels ist untrennbar mit der politischen Geschichte des Ostseeraums im späten Mittelalter verbunden – die sich aus heutiger Perspektive nicht leicht überblicken lässt. Eine der Schlüsselmächte ist das Königreich Dänemark, dessen Expansionsdrang im späteren 14. Jahrhundert – der mächtige dänische König

---

Am Hamburger Grasbrook soll Störtebeker enthauptet worden sein. Heute erinnert dort ein Denkmal an ihn.

Waldemar IV. erobert die schwedische Insel Gotland – für das Wirtschaftssystem der Hanse zu einem Problem wird. Im „Frieden von Stralsund" wird der Konflikt 1370 vorerst beigelegt, doch mit dem Tod Waldemars 1375 entsteht eine unübersichtliche politische Situation. Seefahrer aller Couleur versprechen sich leichte Beute bei unkla-

Das Störtebekerhaus in Wismar. Hier soll der berühmte Seeräuber einst geboren worden sein, behauptet eine Legende.

ren Machtverhältnissen. Sie haben gute Chancen, sich als Söldner bei den konkurrierenden Mächten zu verdingen.
Von Waldemars sechs Kindern überleben den Vater nur zwei Töchter, was einen Erbfolgestreit auslöst: Seine ältere Tochter Ingeborg, mit dem Mecklenburger Herzog Heinrich III., dem Bruder des schwedischen Königs Albrecht III. (ebenfalls Herzog zu Mecklenburg), verheiratet, geht im Thronstreit der dänischen Wahlmonarchie leer aus. Die jüngere Tochter Margarethe, mit dem norwegischen König Håkon VI. verheiratet, wird schließlich auserkoren. Sie führt allerdings nie den Titel einer dänischen Königin, da es die weibliche Thronfolge in Dänemark seinerzeit nicht gibt. Im Ergebnis stehen sich im Ostseeraum zwei politische Lager gegenüber: Mecklenburg/Schweden und Dänemark/Norwegen. Weil aber die Mecklenburger nicht ohne weiteres akzeptieren, dass sie bei der dänischen Thronfolge ein Nachsehen haben, werben sie um 1377 Seeräuber an, die Handelsschiffe von und nach Dänemark kapern und Dänemark dadurch

schädigen sollen. Diese „legale Kriegshilfe" (Matthias Puhle) für das Mecklenburger Fürstenhaus verleiht der Räuberei auf See zumindest zeitweise herrschaftliche Legitimation.

Wie kompliziert die politische Situation im Ostseeraum ist, zeigt das Verhalten der Hansestädte Rostock und Wismar: Als landesherrlich meck-

---

Darstellung der Hansestadt Stralsund auf der Bühne in Ralswiek.

lenburgische Territorien müssen sie einerseits die Piraterie gegen Dänemark zumindest tolerieren und ihre Häfen für die Vitalienbrüder öffnen. Als Mitglieder der Hanse haben sie eigentlich gegen die Vitalienbrüder vorzugehen – so, wie es die Hansestädte Lübeck, Stralsund und Greifswald durch militärischen Geleitschutz für Handelsschiffe tun. Solange sich die Seeräuber der Unterstützung der Herzöge sicher sein können, ist ihr räuberisches Treiben in der Ostsee zwar riskant, aber geschützt. Allerdings ändert sich 1379 die politische Situation: Nach dem Tod des Mecklenburger Herzogs Albrecht II. (d. Ä.) – dem Vater Heinrich III. und Albrecht III. – bemühen sich die beiden Söhne um einen Waffenstillstand mit Dänemark, die Seeräuber müssen um ihre Söldner-Dienste fürchten.

Im Umfeld dieses politischen Großkonflikts im Ostseeraum tritt der Name Störtebeker zum ersten Mal aus dem Dunkel der Geschichte: Ob es sich dabei um den berühmten Seeräuber handelt, bleibt eine Vermutung, in der historischen Forschung gibt es die plausible, wenn auch nicht beweisbare These, jener „Nikolao Stortebeker", dem laut einem Protokollbuch der Stadt Wismar, dem „liber proscriptorum", im Jahr 1380 bei einer Schlägerei mehrere Beulen und Schrammen zugefügt werden, sei Klaus Störtebeker. Möglich, dass er sich den Mecklenburger Herzögen verdingt hat, möglich, dass Wismar ihm als Pirat Unterschlupf bietet, möglich sogar, dass er aus Wismar stammt.

Im Krieg gegen Dänemark sind den mecklenburgischen Herzögen die Piraten als Handlanger gerade recht.

Die Vitalienbrüder bleiben auch nach dem Friedensschluss in der Ostsee. Und wechseln die Seite, nachdem sie in Wismar und Rostock nicht mehr willkommen sind. Ihre Häfen liegen nun an der dänischen Küste, im Reich von Königin Margarethe. 1381 kommt sogar – mit dänischer Hilfe – ein kurzzeitiger Friedensschluss zwischen der Hanse und den Seeräubern zustande. In den Friedensverträgen taucht allerdings weder der Name Klaus Störtebeker noch Goedeke Michels auf. Mit Margarethe setzen die Seeräuber jedoch auf die falsche Verbündete. Die Königin ändert

1384 ihre Politik zugunsten der Hanse und beteiligt sich fortan am Kampf gegen die Piraterie. Das führt zumindest für die nächsten Jahre zum Rückgang der Seeräuberei in der Ostsee.

Dass die Vitalienbrüder um 1390 wieder öfter segeln, hat politische Gründe: Margarethe von Dänemark verhandelt ab 1387 offen mit einem Großteil des schwedischen Adels über die Vereinigung der drei nordischen Königreiche. Für Albrecht III. von Mecklenburg, gleichzeitig König von Schweden, ist das eine Kampfansage. Ende 1388 zieht er mit einem Heer nach Schweden, wird von Margarethes Truppen aber alsbald geschlagen und festgesetzt. Zwei Jahre später rüsten die Mecklenburger in verzweifelter Lage erneut zum Kriegszug – um Albrecht zu befreien und der in Mecklenburger Hand verbliebenen Festung Stockholm gegen die Dänen beizustehen. Ihre Taktik: Schnelle Angriffe und das Kapern dänischer Schiffe in der Ostsee – offenkundig mit tatkräftiger Unterstützung der Vitalienbrüder.

Die historische Forschung geht davon aus, dass die Mecklenburger ihre Häfen (vor allem die der

Hansestädte Rostock und Wismar) schon 1390 für alle öffneten, die am räuberischen Feldzug gegen Dänemark teilnehmen wollen und denjenigen sogar sogenannte Kaperbriefe ausstellen. Davon berichtet der Eintrag in einer Lübecker Chronik – die allerdings erst über 150 Jahre später entsteht. Belegt ist das dagegen für das Jahr 1391 – und zwar für alle diejenigen, „die auf ei-

Wismars Alter Hafen gilt neben dem alten Rostocker Stadthafen als Rückzugsort der Vitalienbrüder.

gene Gefahr ausfahren wollen, das Reich zu Dänemark zu schädigen." Damit sind die Raubzüge herrschaftlich sanktioniert und werden von den beiden Hansestädten offen unterstützt. Der Aufruf gilt als Beginn einer neuen Dimension der Seeräuberei in der Ostsee. Die Aussicht auf reiche und gewissermaßen legale Beute zieht Abenteurer wie Söldner an – hier dürften die Vitalienbrüder um Klaus Störtebeker, Goedeke Michels und anderen ihre Wurzeln haben. Und hier setzt auch die Legende ein, wie sie von den Festspielen auf der Insel Rügen erzählt wird. Wismar und Rostock sind die Basislager: Hier werden die Schiffe ausgerüstet, hier sammeln sich Seefahrer, Ritter, Bauern, Adlige, Kämpfer, hier wird die Beute geteilt und verkauft.

Die Hanse befindet sich dabei in schwieriger politischer Lage: Einerseits will sie nicht entschlossen gegen die Seeräuber vorgehen, um nicht gegen Mecklenburg und zugunsten Dänemarks Partei zu ergreifen. Zumal sich der Mecklenburger Krieg auch gegen die Vereinigung der drei Königreiche Dänemark, Norwegen und Schweden richtet – die nicht im Interesse der Hanse sind. Sie ist an ausbalancierten Machtverhältnissen als Grundlage für einen freien Handel interessiert. Andererseits werden auch Schiffe der Hanse bedroht. Offenkundig nicht allein von auf eigene Rechnung segelnden Seeräubern, sondern auch von Mecklenburger Schiffen, in deren Mannschaften sich wahrscheinlich auch Vitalienbrüder befinden. Doch wehe, wenn sie einmal losgelassen: Im Jahr 1392 scheint sich die Situation derart zuzuspitzen, dass es Handelsschiffen kaum mehr möglich ist, unbeschadet über die Ostsee zu kommen. Die Hanse muss auf ihrem Hansetag 1392 die Einstellung des Schiffsverkehrs mit Schonen (Südschweden) anordnen. Der Lübecker Stadtchronist Reimar Kock bemerkt – wiederum mit einem Abstand von über 150 Jahren: 1393 sei die gesamte Schifffahrt wegen des Treibens der Vitalienbrüder zum Stillstand gekommen, was zu einer enormen Preissteigerung für Lebensmittel im Ostseeraum und in weiten Teilen des Landesinneren führt.

In der zeitgenössischen Chronik des Lübecker

Franziskanermönchs Detmar heißt es über die Vitalienbrüder: Sie seien „ein zügelloses Volk, zusammen von Hofleuten, von Bürgern aus vielen Städten, von Amtleuten, von Bauern." Sie hätten die ganze See und alle Kaufleute bedroht, egal ob Freund oder Feind und damit ihr Versprechen gebrochen, nur gegen die Königin von Schweden (Margarethe von Dänemark) zu ziehen. Ein Teil der Vitalienbrüder entstammt tatsächlich dem niederen Landadel, der von den Erträgen der Landwirtschaft nicht mehr existieren kann. Der Feldzug der Mecklenburger gegen Margarethe von Dänemark eröffnet den solcherart Entwurzelten sozusagen neue Einnahmequellen.
In der Lübecker Rufus-Chronik, einem von anonymer Hand im historischen Kontext (vermutlich im Zeitraum zwischen 1406 und 1430) geschriebenen Text, werden „Vitalienbrüder" in Zusammenhang mit einem Feldzug gegen die norwegische Stadt Bergen ihrer Herkunft nach erstmals nach Rostock und Wismar verortet. In diejenigen Hansestädte also, die aktiv die Mecklenburger Politik – auch ohne Rücksicht auf die Interessen

Königin Margarethe I. auf der Ralswieker Bühne.

der Hanse – unterstützen. In den zahlreichen kriegerischen Auseinandersetzungen jener Jahre ist wegen nur spärlichen Überlieferungen nicht eindeutig auszumachen, ob eigenständig operierende Seeräuber oder reguläre Mecklenburger Truppen mit Hilfe von Seeräubern in die Konflikte verwickelt sind.

In den Folgejahren müssen sich die Vitalienbrüder als relativ eigenständige Truppe formiert haben. Zwar tauchen um 1392 die Namen einiger

Der Heutige Leuchtturm von Falsterbo stammt aus dem 18. Jahrhundert. Bereits in der ersten Hälfte des 13. Jahrhunderts ist die südlichste Landzunge Schwedens ein wichtiger Ort für die Kaufleute der Hanse und der Vitalienbrüder.

Anführer in verschiedenen Quellen auf – von Klaus Störtebeker und Goedeke Michels ist allerdings an keiner Stelle die Rede. Sie gehören offenbar (noch) nicht zu den ersten Leuten der Truppe.

Die Wirtschaftskrise des Ostseeraums infolge des ruhenden Handels mit den skandinavischen Königreichen führt 1393 zur Aufnahme von

Friedensverhandlungen zwischen Margarethe von Dänemark und dem Haus Mecklenburg in Falsterbo und Skanör – zwischen Malmö und Trelleborg an der Südspitze Schwedens gelegen. Die dänische Königin spielt auf Zeit: Sie will zunächst die noch immer in mecklenburgischer Hand befindliche Stadt Stockholm erobern und erst dann weiterverhandeln. Doch sie rechnet nicht mit dem geschickten Eingreifen der Vitalienbrüder. Anfang 1394 segeln diese – wohl gemeinsam mit den Mecklenburgern – in kühner Fahrt nach Stockholm, um Proviant und Truppen in die belagerte Stadt zu bringen. Das gelingt, auch wenn die Ostsee teilweise zugefroren ist und die Dänen die acht Schiffe aus Wismar von Land aus bedrängen. Die Seeleute können ihre Schiffe mit List und Tücke verteidigen – überliefert ist eine abenteuerliche Erzählung. Was den Historiker Matthias Puhle wie folgt urteilen lässt: „Diese Expedition hat ähnlich wie der Angriff auf Bergen das Bild von den Vitalienbrüdern geprägt und bereits recht früh einen Mythos herausgebildet, der diese Gruppe als verwegen, verschlagen und erbarmungslos erscheinen lässt." In der historischen Forschung wird vermutet, Klaus Störtebeker und Goedeke Michels gehören bereits zu den führenden Männern der mecklenburgischen Winter-Expedition von Wismar nach Stockholm. Doch erst in einer 1404 geschriebenen englischen Klageakte auf Schadenersatz für ein von den Vitalienbrüdern 1394 gekapertes Schiff tauchen die Namen der beiden berühmten Seeräuber gleich je über ein Dutzend Mal als Anführer der Vitalienbrüder auf. Störtebeker wird hier als „Storbiker", „Strotbeker" oder „Stertebeker" bezeichnet. Michels als „Goddkin Mighel", „Godekin Mighek" oder „Godikin Mighel". Die Engländer verlangen von der Hanse Entschädigung: Die Seeräuber kommen schließlich aus den Hansestädten Wismar oder Rostock. In der Akte werden beide Männer auch für die Jahre bis 1399 mehrfach genannt. Das lässt den Schluss zu: Die Vitalienbrüder unter ihren Anführern, zu denen neben Klaus Störtebeker und Goedeke Michels noch andere gehören, betreiben ein gut gehendes Kapergeschäft – offenbar teilweise oder ganz losgelöst von den Streitigkeiten zwischen Dänemark und Mecklenburg. Auch schädigen sie wohl nicht nur englische Kaufleute. Eine derartig akribisch geführte Akte, die die einzelnen Kaper-Aktionen benennt, ist allerdings nur aus England überliefert. Wenn auch ein Teil der Seeräuber noch immer den Mecklenburgern bei ihren militärischen Unternehmungen zur Seite stehen, haben sich die Vitalienbrüder offenkundig zu einer Seemacht formiert, die weniger an politischen Konflikten, als an geschäftsmäßigem Raub interessiert ist.

1394 kommt Bewegung in die Friedensverhandlungen zwischen Mecklenburg und Dänemark – einerseits, weil sich keine der beiden Kriegsparteien – weder Königin Margarethe von Dänemark noch Herzog Johann von Mecklenburg – zum Sieg in der Lage sieht. Anderseits will die Hanse nun in den Konflikt eingreifen und gegen die Vitalienbrüder vorgehen. Nicht zuletzt betritt mit Konrad von Jungingen – seit November 1393 Hochmeister des Deutschen Ordens – ein neuer Landesherr der preußischen Gebiete an der Ostsee die Bildfläche. Dieser Mann greift nun mehr oder weniger auf mecklenburgischer Seite in das politische Geschehen ein – und verhindert zunächst, dass sich die preußischen Hansestädte aktiv an den militärischen Plänen der Hanse zur Bekämpfung der Seeräuber beteiligen, die vor allem von Lübeck und Stralsund geschmiedet werden.

Im Herbst 1394 kommt es zum Friedensschluss zwischen Mecklenburg und Dänemark – mit ak-

---

Die Vitalienbrüder suchten von 1394 bis 1398 Schutz hinter Visbys Stadtmauern.

tiver Beteiligung der Hanse. Zunächst treffen sich deren Vertreter im Juli mit der dänischen Seite in Helsingborg. Ein Ergebnis der Verhandlungen: Der immer noch von Margarethe gefangen gehaltene König Albrecht III. von Schweden soll freigelassen werden. Anfang September verhandelt die Hanse in Rostock mit der mecklenburgischen Seite. Vollzogen werden soll der Vertrag am 1. November in Ahlholm. Damit hätten die Vitalienbrüder ihre Privilegien verloren. Doch ein Zwischenfall verzögert den Fortgang der Ereignisse: Dänische Verbündete nehmen die Gesandten des Deutschen Ordens auf dem Weg nach Ahlholm gefangen. Die Mecklenburger verlegen die Friedensverhandlungen daraufhin auf April 1395 nach Falsterbo.

Die Fortsetzung des Krieges nutzt der schwedische Hauptmann von Stockholm, Albrecht von Pecatel, zur Rückeroberung der Insel Gotland und der Stadt Visby von Dänemark. Unter tatkräftiger Mitwir-

AUSBREITUNG DER
Plan des hanseatischen Stahlhofes zu London im Jahre 1667.
Maßstab 1:2000.
Thames Street
Thames
NORD SEE
ODER
DEUTSCHES MEER
SKAGER RAK
KATTEGAT
NORWEGEN
SKANDINAVIEN
JÜTLAND
DÄNEMARK
SCHLESWIG
HOLSTEIN
FRIESLAND
GELDERN
NORD-BRABANT
FLANDERN
ENGLAND
FRANKREICH
LÜTZELBURG
LONDON
BREMEN
HAMBURG
LÜBECK
MÜNSTER
DORTMUND
SOEST
CÖLN
BRAUNSCHWEIG
GOSLAR
MAGDEBURG
BRÜGGE
ANTWERPEN
TEXEL
28

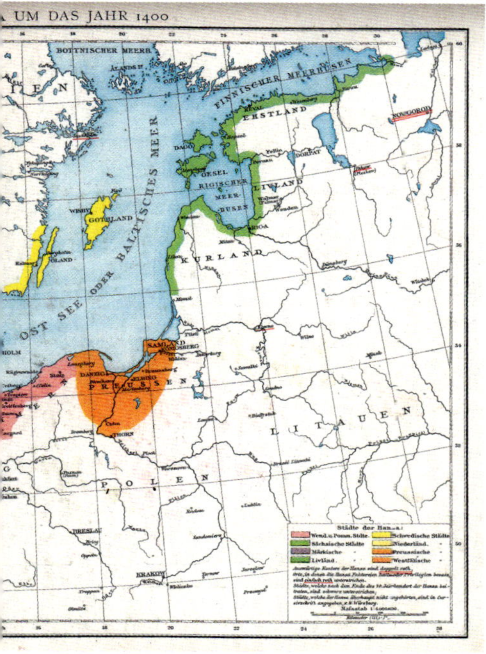

Die Ausbreitung der Hanse in Norddeutschland und dem Baltikum um 1400

kung der Vitalienbrüder. Die Aktion verbessert die Verhandlungsposition Mecklenburgs. Am 20. Mai 1395 finden in Falsterbo und Skanör die Verhandlungen zwischen Dänemark, Mecklenburg, dem Deutschen Orden und der Hanse statt. Im Ergebnis wird Herzog Albrecht freigelassen, sieben Hansestädte erhalten die Stadt Stockholm treuhänderisch als Pfand bis sich Mecklenburg mit Margarethe von Dänemark über einen Ausgleich verständigt hat. Vollzogen werden die Urkunden am 26. September 1395. Der Krieg ist beendet – die Vitalienbrüder werden nicht mehr gebraucht. Bis Juli 1395 sollen sie aus der Ostsee verschwinden – sonst würden sie, so sie den Frieden brechen und weiterhin Handelsschiffe kapern, bestraft. Zudem verlangt der Friedensschluss von den Hansestädten Wismar, Rostock, Visby und Stockholm, ihre Häfen für die Vitalienbrüder zu schließen.

Vermutet wird, dass sich die Gemeinschaft der Vitalienbrüder nach 1395 in mehrere Gruppen teilt, die den zentralen Ostseeraum nach und nach verlassen. Die auf den Franziskanermönch

Detmar und Hermann Korner fußende anonyme Rufus-Chronik nennt neben anderen Hauptleuten Wichman und Wycholt (Wygbold) auch die Namen von Klaus Störtebeker und Goedeke Michels. Die Vitalienbrüder sollen im äußersten Norden, zwischen Finnland und Russland, in der Nordsee, in der Kanalgegend zwischen Frankreich und England bis hinunter nach Spanien operiert haben. Laut Chronik hat es Störtebeker und Goedeke Michels in die Nordsee verschlagen. Dort soll Störtebeker, nach der Norder Chronik des Pastors Bernhard Elsenius (geschrieben um 1631) im Januar 1396 zum ersten Mal nach Marienhafe gekommen sein.

Gotland ist nach 1395 die einzig verbliebene Machtbasis der Vitalienbrüder in der Ostsee. Trotz des Friedensvertrags geht die Insel nicht vollständig in den Besitz Königin Margarethes über: Auf ihr stehen sich Albrecht von Precatel, der einstige Mecklenburger Statthalter Stockholms, und der dänische Hauptmann Sven Sture gegenüber. Die Mecklenburger besetzen Visby, die Dänen den Rest der Insel. Beide Parteien

stützen sich dabei auf die Hilfe der Vitalienbrüder. Erst 1396/97 kann Erich, der Sohn des Mecklenburger Herzog Albrecht III., die ganze Insel aus der Hand der Dänen befreien. Auch bei Stockholm werden die Vitalienbrüder nach 1395 aktiv – als Verbündete Sven Stures, als Vasallen des schwedischen Ritters Algot Magnusson, einem Parteigänger Königin Margarethes, und auf eigene Faust. Von dort aus segeln sie u. a. ins russische Wiborg. Nach dem plötzlichen Tod des Mecklenburger Herzogs Erich im Juli 1397 auf Gotland öffnet seine Witwe Sophie von Pommern-Wolgast die Insel für die Vitalienbrüder.
Konrad von Jungingen, der Hochmeister des Deutschen Ordens, berichtet, Sophie habe jeden, der rauben wollte und die Hälfte des Raubguts mit ihr und Sven Sture – offenbar der neue Anführer der Vitalienbrüder – teile, freien Aufenthalt auf der Insel versprochen. Das führt im Sommer 1397 zu neuerlicher Seeräuberei gegen die Kaufleute der Hanse. Der Mecklenburger Herzog Albrecht III. sieht sich außerstande, dem Treiben auf der Insel Einhalt zu gebieten. Die Hanse, die

dänische Königin Margarethe (sie ist durch die Kalmarer Union von 1397 faktisch Herrscherin über die drei skandinavischen Königreiche) und der Deutsche Orden bringen sich in Stellung. Der Orden plant Mitte März 1398 eine militärische Aktion gegen die Mecklenburger Statt-

---

Während seiner wirtschaftlichen Blüte ist Visby Hauptort der Hanse – im 13. und 14. Jahrhundert entstanden zahlreiche Kirchen und Klöster.

halterin auf Gotland, die ohne Kampf von Erfolg gekrönt ist: Die Übermacht des Deutschen Ordens (er kommt mit 84 Schiffen und rund 4.000 Bewaffneten) sorgt dafür, dass sich Sven Sture, die Vitalienbrüder, Sophie und auch der auf der Insel weilende Mecklenburger Herzog Johann ergeben. Der ordnet in einem Übergabedokument an, dass bis zum 7. April 1398 „diejenigen die Stadt Visby und Gotland geräumt haben, die den Deutschen Orden, deren Kaufleute und den gemeinen Kaufmann geschädigt haben…". Das ist der letzte Akt für die Vitalienbrüder auf Gotland – wer sich nicht schleunigst aus dem Staub macht, wird erschlagen. Da die Vitalienbrüder nun weder auf Unterstützung noch auf sichere Häfen in der Ostsee hoffen können, verschwinden sie bis Ende 1398 in Richtung Nordsee und halten sich fortan vor allem in Ostfriesland auf.

Das Verhältnis der Vitalienbrüder zu den friesischen Häuptlingen gestaltet sich schwierig: Zum einen sind sie in den kleineren Scharmützeln der Lokalfürsten willkommene Handlanger auf militärischem Gebiet. Sie können sich auf den ostfriesischen Gebieten sicher fühlen. Zum anderen bringt das Kapern von Schiffen der Kaufleute die Friesen über kurz oder lang in Konflikt mit der Hanse. Erstmals engagieren sich neben Lübeck vor allem die Hansestädte Bremen und Hamburg, aber auch holländische Kaufleute. Die historische Forschung hält es für möglich, dass sich Klaus Störtebeker und Goedeke Michels be-

Der Deutsche Orden greift in die Auseinandersetzungen zwischen Mecklenburg und Dänemark im Ostseeraum ein – und erobert die Insel Gotland.

reits um das Jahr 1398 in Ostfriesland aufhalten. Der Name Goedeke Michels taucht nach 1400 mehrmals in Schreiben ostfriesischer Häuptlinge auf. Die Raubzüge der Vitalienbrüder in der Nordsee und entlang der holländischen Küste versprechen einträgliche Geschäfte. In einem Bericht des Hanse-Kontors von Brügge über die Aktivitäten der Vitalienbrüder vom Mai 1398

Schmuckfassade des Stralsunder Rathauses. Die Hansestadt stellte sich an der Seite Lübecks stets gegen die Vitalienbrüder.

findet sich auch jenes berühmte Zitat, dass alljährlich bei den Störtebeker-Festspielen auf der Insel Rügen als Losung verwendet wird: Sie seien „Godes frende unde al der werlt vyande" – „Gottes Freunde und alle Welt Feinde", das jedenfalls behaupten die Seeräuber von sich.

Die Hanse reagiert schon im Juni 1398. Der englische König Richard II., sekundiert von englischen Händlern, konfrontiert sie mit Schadenersatzforderungen für durch Seeräuber gekaperte englische Schiffe. Anfang Februar 1400 treffen sich Gesandte u. a. aus Lübeck, Hamburg, Bremen, Rostock, Wismar und Stralsund zu einem Hansetag in Lübeck. Einziges Thema: Das Treiben der Vitalienbrüder. Auch einen ihrer Verbündeten unter den rivalisierenden ostfriesischen Häuptlingen haben sie aufs Korn genommen: Keno tom Brok, der die Hanse zu beschwichtigen versucht. Am Plan, zu einer militärischen Operation gegen die Vitalienbrüder aufzubrechen, kann das nichts mehr ändern: Am 22. April 1400 segeln Lübecker und Hamburger Schiffe gegen Ostfriesland. Die Expedition erweist sich alsbald als erfolgreich. Die Truppen der Hanse greifen einen Unterschlupf der Vitalienbrüder nach dem anderen an, töten oder richten die Seeräuber bis auf wenige Ausnahmen, brennen die Schlösser ihrer adligen Unterstützer nieder und fordern die Häuptlinge, sofern sie es nicht freiwillig tun, zur Kooperation auf. Am 14. Juni 1400 vermerkt der Bericht der Hanseexpedition, dass Goedeke Michels sich auf Schloss Loquard bei Emden befunden habe. In der Gegend von Marienhafe (hier hat Keno tom Brok das Sagen) oder auf Schloss Groothusen könnte sich zu dieser Zeit auch Klaus Störtebeker aufgehalten haben – Beweise dafür gibt es aber nicht.

Der Name Goedeke Michels taucht auch in einem Bericht hansischer Schiffsführer vom Mai 1400 auf: Demnach seien rund 200 Seeräuber nach Norwegen geflohen – unter ihnen Michels als Hauptmann. Eine andere Quelle bezeichnet rund 100 Vitalienbrüder im Dienst bei Albrecht von Holland (dazu gibt es eine Urkunde vom August 1400, die einen Hauptmann Johann Stortebeker nennt). Weitere rund 100 Vitalienbrüder hätten die hanseatischen Truppen dem Bericht zufolge „über Bord geworfen", also getötet. Der Historiker Matthias Puhle vermutet entgegen der Auffassung seines berühmten Kollegen Karl Koppmann, es könne sich bei jenem Johann Stortebeker mit hoher Wahrscheinlichkeit um Klaus Störtebeker gehandelt haben. Damit sei auch wahrscheinlich, dass beide Anführer mit ihren jeweiligen Leuten nach ihrer Vertreibung aus Ostfriesland getrennte Wege gehen – der eine nach Norwegen, der andere nach Holland. Die Hanse hat den Vitalienbrüdern eine Niederlage beigebracht – gelöst ist das Problem der Seeräuberei aber noch nicht. Doch für Störtebeker und Michels ist das Ende nahe.

Nicht nur Tratzigers „Chronica der Stadt Hamburg" berichtet über die Hinrichtung von Klaus Störtebeker – auch die Lübecker Rufus-Chronik: Demnach stellen Truppen der Stadt Hamburg die Vitalienbrüder auf offener See bei Helgoland. „Ungefähr 40 von ihnen schlugen sie tot bei Helgoland und 70 fingen sie. Diese brachten sie nach Hamburg und ließen ihnen alle die Köpfe abschlagen. Ihre Köpfe setzen sie auf eine Wiese an der Elbe (dem Grasbrook) als Zeichen dafür, daß sie auf dem Meer geraubt hatten. Die Hauptleute dieser Vitalienbrüder hießen Wichmann und Klaus Störtebeker." Eine genaue Datierung dieses Ereignisses ist schwierig – möglicherweise auf das Jahr 1400. Die Historiker sind sich hier uneins. Manche nennen auch das Jahr 1401 (Karl Koppmann). Vermutlich findet die Hinrichtung am 20. oder 21. Oktober statt. Eine Hamburger Chronik (Hamburger Jahrbücher) aus dem Jahr 1457 nennt als Hinrichtungsdatum „nach Feliciani", was in Hamburg und Bremen der 20. Oktober ist – allerdings im Jahr 1402. Erhaltene Kämmereirechnungen zur Bezahlung der Scharfrichter und Bestatter der Hinrichtung von rund 30 Vitalienbrüdern sprechen ebenfalls für das Jahr 1400. Diese Rechnungen nennen den Namen Klaus Störtebeker nicht. Möglich ist auch, dass Klaus Störtebeker erst im Frühjahr 1401 gefangen genommen, ein halbes Jahr gefangen gesetzt (im Hamburger Rathauskeller) und erst im Herbst 1401 hingerichtet wird.

Neuere historische Forschungen interpretieren die Quellen anders. Der Historiker Gregor Rohmann etwa weist auf erkennbare Lücken in der Forschung zum mittelalterlichen Kaperwesen und der Vitalienbrüder hin und weist die Störtebeker-Legende dem Danziger Kaufmann Johann Störtebeker zu. Dieser Mann sei es gewesen, der im August 1400 zusammen mit 115

Auf der Ralswieker Bühne dargestelltes Aufnahmeritual in Störtebekers Truppe – Goedeke musste verkraften können.

Vitalienbrüdern durch Albrecht von Holland angeworben worden sei. Dieser Mann tauche 1407 in einer englischen Klageakte als „Johannes Strotebeker de Danczik“ auf. Und dieser Mann habe 1413 auch einen Vertrag mit König Heinrich V. von England geschlossen, um englische Handelsschiffe zu beschützen. Und das sei eben jener

---

Eines der ältesten Gebäude Lübecks – der Kranen-Konvent. Einst Niederlassung des Deutschen Ordens.

Mann, den schon ab 1394 bis 1399 verschiedene englische Klageakten (die sich auch noch auf das gleiche Seegebiet beziehen) nennen. Sollte das stimmen – Gregor Rohmann zweifelt daran, das spätere Chroniken (etwa die „Chronica novella" des Lübecker Dominikaners Hermann Corner, auf die die Rufus-Chronik fußt und die über die Hinrichtung Klaus Störtebekers berichtet) die Wahrheit wiedergeben – wäre Störtebeker weder 1400 (oder 1401) in Hamburg zu Tode gekommen, noch wäre er mit dem 1380 in Wismar genannten Nicolao Störtebeker identisch. Einen Seeräuber Klaus Störtebeker hätte es demnach nie gegeben.

Rohmann findet einen ähnlich lautenden Namen auch in einer Notiz über eine Verhandlung preußischer Städte in Marienburg aus dem Jahr 1405 – dort taucht ein Kapitän „Stortzebechir" auf. In den Jahren bis 1411 kennen diverse Rechnungsbücher einen Mann, der sich offenkundig als Kapitän, Schmuggler und gleichzeitig Kaperfahrer betätigt: „Hannes Storczebecher". Grund genug anzunehmen, dass Johann Störtebeker aus

Danzig die historische Person hinter der Legende ist: „Ein Seemann und Gewaltunternehmer mit durchaus rustikaler Geschäftspraxis, aber kein Piratenkapitän." Im Dominikanermönch Hermann Corner, der um 1430 in Lübeck seine Chronik

schreibt, sieht Gregor Rohmann den Vater der Störtebeker-Legende. Er habe den „Oberhauptmann" der Vitalienbrüder quasi erfunden.

Was genau 1400 die erneute Expedition der Hansestadt Hamburg gegen die Vitalienbrüder auslöst, ist nicht bekannt. Vermutet wird ein Konflikt mit Albrecht von Holland, der ja eine stattliche Zahl von Vitalienbrüdern aufgenommen hat, diesen sogar Kaperbriefe ausstellt. Die Seeräuber sollen den Englandhandel der Hamburger stören. In der Schlacht bei Helgoland, einem wichtigen Punkt der Englandroute der Hanse, unterliegen sie allerdings. Über den Verlauf dieser Seeschlacht ist nichts bekannt. Der Kampf gegen und die Ge-

Blick von der Stralsunder Marienkirche auf die Altstadt mit Strelasund und der Rügenbrücke im Hintergrund.

fangennahme von Goedeke Michels und seinen Leuten muss unmittelbar danach stattgefunden haben. So schildert es die bereits zitierte Rufus-Chronik. Das „nicht lange danach" lässt sich mit Hilfe der Hamburger Kämmereirechnungen und anderer Schreiben auf das ausgehende Jahr 1401 datieren. Dort nämlich ist in diesem Jahr von Ausgaben gegen die Vitalienbrüder „über die Weser" die Rede. Der Kampf gegen Michels und seiner Mannschaft auf Weser und Jade ist in Umrissen in einem Schreiben der Stadt Hamburg überliefert. Demzufolge wird er mit drei Schiffen verfolgt und schließlich geschlagen. Goedekes Mannschaft soll noch versucht haben, die erbeutete und mit Bier beladene Kogge zu erleichtern und damit schneller zu machen, in dem sie Fässer über Bord warf. Einzelne Vitalienbrüder gibt es auch danach noch in Nord- und Ostsee. Insgesamt mögen es einmal rund 2.000 gewesen, die meist in kleinen Gruppen operieren, dadurch nie große Schlagkraft entfalten und letztlich immer besiegt werden können. Ihre Spur verliert sich nach 1430.

Die Legende lebt fort

Die Störtebeker-Festspiele in Ralswiek und ihre Vorgeschichte

Kurt Barthel schreibt eine Ballade für die neue Ostseewoche

Mehr oder weniger ein Zufall im sozialistischen Kulturbetrieb der DDR begründet die Tradition der Störtebeker-Festspiele auf der Insel Rügen. Ende der Fünfzigerjahre kommen der Schriftsteller Kurt Barthel (KuBa) und der Schauspieler, Regisseur und Rostocker Theaterintendant Hanns Anselm Perten zusammen, um das Eröffnungsprogramm der ins Leben gerufenen Ostseewoche zu besprechen. Barthel schwebt darüber hinaus vor, eine „dramatische Geschichte eines an der Küste tief verwurzelten Volkshelden" zu schreiben, die Perten unter freiem Himmel und mit großem künstlerischen wie technischen Aufwand inszenieren soll.

Im Oktober 1958 tauschen sich die Kulturfunktionäre in Putbus über den Beschluss der Rostocker SED-Bezirksleitung aus, Rügenfestspiele zu etablieren. Und während Barthel sein Stück schreibt, sucht man die Insel nach einem möglichen Aufführungsort für die „Dramaturgische Ballade Klaus Störtebeker" im Geist erster Vorzeichen der Frühbürgerlichen Revolution und der Befreiung der Menschen von der Unterdrückung ab. Im Frühjahr 1959 fällt die Entscheidung zugunsten von Ralswiek. In nur fünf Monaten Bauzeit entsteht eine Bühne mit Blick zum Bodden und die Zuschauerwiese. Am 16. August 1959 findet die Uraufführung der Ballade statt – unter den Ehrengästen ist auch DDR-Ministerpräsident Otto Grotewohl. Die Aufführungen werden 1960 und 1961 wiederholt. 1980 wird die Ballade schließlich zur Eröffnung der 18. Arbeiterfestspiele in der DDR neu inszeniert und auch 1981 spielt man sie am Bodden. Insgesamt zählen die Festspiele zu DDR-Zeiten 670.000 Besucher.

Die Dichtung Kurt Barthels verweist – trotz intensiven Quellenstudiums – auf den „Klassencharakter" bei der Bewertung von Klaus Störtebeker und der Likedeeler im Geist sozialer Kämpfe des späten Mittelalters. Die „Gleichteiler" und ihre Losung „Gottes Freund und aller Welt Feind" schien dafür wie gemacht. Wobei Barthel „Welt" als feudale Ordnung samt ihrer Protagonisten interpretiert. Den für DDR-Verhältnisse schwierig zu deutenden Gottesbezug erklärt Barthel als Möglichkeit der einfachen Menschen, ihre sozialen Forderungen zu artikulieren. Jesus sei ja schließlich auch nur ein Zimmermann gewe-

---

Kulisse auf der linken Bühnenseite für die Ralswieker Störtebeker-Inszenierung 2018.

sen, so der Duktus. Die sozialistische Lesart der Störtebeker-Legende wertet einen Teil der Überlieferung, wenn etwa über große Schätze oder geschändete Jungfrauen berichtet wird, als bösartige Andichtung. Störtebekers angebliche Fürsorge für die Armen hingegen als das Tun eines „edlen Räubers". Die sozialistische Geschichtsschreibung wittert den Geist der Auflehnung gegen soziales Unrecht. Und so greift Kurt Barthel für

Szene aus der Störtebeker-Inszenierung: Herzog Johann und Goedeke Michels.

sein Stück „Like Deel" aus der Überlieferung naheliegenderweise die Erzählung heraus, die Klaus Störtebeker als einen Bauernsohn aus Ruschvitz im Jasmund sieht.
Mit immensem Aufwand werden insbesondere die Aufführungen 1980 und 1981 vorbereitet. Gespielt wird jeweils rund fünf Wochen lang. Das Bühnenbildmodell zeigt elf mittelalterliche Gebäude, deren Kulissen durch die Werkstätten des Rostocker Volkstheaters, mit Hilfe des staatlichen Forstwirtschaftsbetriebs Stralsund und der PGH Rügenland Bergen an den Bodden gebaut werden. Über 1.000 Darsteller erhalten Kostümen. Vier Koggen werden von der Peenewerft Wolgast, der Neptun-Werft Rostock, der Volkswerft Stralsund und der Mathias-Thesen-Werft Wismar aus alten Fischkuttern gebaut, um zum Höhepunkt des Spektakels eine nächtliche Seeschlacht der Likedeeler und ihrer Kontrahenten nachzustellen. Für das Publikum werden rund 7.000 Plätze – vorwiegend auf einfachen Bänken – aufgebaut. Hauptpersonen des Stücks sind neben Klaus Störtebeker die Magd Trebele, der

Stralsunder Bürgermeister Wulflam, Königin Margarethe von Dänemark, Goedeke Michels und Seeräuber-Kumpan Wigbold. Nach den Vorstellungen des Jahres 1981 sind die Rügenfestspiele allerdings erst einmal Geschichte. Bis zum Ende der DDR ist an eine Wiederaufnahme des Spielbetriebs – wohl aus wirtschaftlichen Gründen – nicht zu denken. Kurt Barthels Ballade gerät in Vergessenheit.

Peter Hick macht aus der Legende legendäre Festspiele

Kaum zehn Jahre später gibt es die Idee, die Naturbühne in Ralswiek wiederzubeleben. Sie kommt von privater, und damit unerwarteter Seite. In seinen biografischen Notizen erinnert sich Peter Hick an einen Anruf von Christian Wölffer. Der in der DDR groß gewordene Stuntman hatte 1988 die Intendanz der Bad Segeberger Karl-May-Festspiele übernommen. Wölffer, erfolgreicher Betreiber von Privattheatern in Berlin und Hamburg, sucht 1990 Hicks fachliche Expertise, um im Osten ein Freilichttheater aufzubauen. In Ralswiek erscheinen ihm trotz dem Verfall preisgegebener Bühne die Voraussetzungen günstig. Peter Hick könne, so die Überlegung, die finanzielle, künstlerische und logistische Herausforderung für einen neuerlichen Festspielbetrieb auf der Insel Rügen einschätzen. Im Frühjahr 1991 ist der Theatermann überzeugt – und beginnt, für die „spannende Herausforderung" Ralswiek zu brennen.

Bis zur ersten Premiere für ein neues Störtebeker-Abenteuer ist es jedoch ein langer Weg. Der Ideengeber zieht sich unerwartet aus dem Projekt zurück. Peter Hick und seine Frau Ruth müssen sich entscheiden: Die Idee selbst verwirklichen – oder den Rückzug antreten. Einen Sprung zu riskieren, der anderen als waghalsig erscheint, ist für einen Stuntman nichts Außergewöhnliches. Peter Hick hat Mut, spricht mit Sponsoren, dem Schweriner Kulturministerium und Kreditgebern. Ein gutes Konzept, Überzeugungstalent, die Aufbruchstimmung der Nachwendezeit und auch das berühmte Quäntchen Glück tragen

dazu bei, dass der Theatermann insgesamt rund acht Millionen Mark Startkapital zusammenbringt. Kurz vor Weihnachten 1991 unterschreibt er mit der Gemeinde Ralswiek den Pachtvertrag für die Naturbühne. Das Abenteuer Störtebeker-Festspiele kann beginnen.
Dass er damit den Grundstein für das heute größte und wohl auch erfolgreichste Open-Air-Theater Deutschlands legen würde, ahnt er da-

Klaus Störtebeker kämpft auf der Bühne von Ralswiek gegen den mächtigen ostfriesischen Häuptling Hisko von Emden.

mals noch nicht. Er möchte ein funktionierendes Unternehmen aufbauen, gute Leute engagieren und „ein ordentliches Stück" schreiben. „Primäres Ziel war es nicht, Ralswiek als einen Festspielort zu etablieren", erinnert sich Peter Hick. Darüber würde sowieso das Publikum entscheiden. Von Anfang denkt er jedoch in den Dimensionen eines großen Theaters. Schon für das erste Jahr kauft er 20 Pferde und lässt 8.800 Sitzplätze montieren. Das Stück auf die Bühne zu bringen, erscheint ihm fast eine Kleinigkeit – angesichts vieler Herausforderungen auf der Theaterbaustelle oder bei der Bodendenkmalpflege.

Das Projekt Störtebeker hat in seinen Anfangsjahren auf Rügen nicht nur Fans. Es kämpft mit den Behörden – und gegen die Zeit. Ein zwischenzeitlich verhängter Baustopp wird zur Belastungsprobe. Erst als sich im März 1993 der Schweriner Kulturstaatssekretär Thomas de Maiziere, später Bundesinnenminister, einschaltet, kann es weitergehen. Noch am Premierentag wird im Zuschauerraum gepflastert, werden letzte Lücken im Zaun des Festivalgeländes geschlossen.

Zu allem Unheil regnet es bei der Premiere. Doch am Ende steigt das Feuerwerk in den Himmel über dem Bodden – so, wie es noch heute Brauch ist. Die erste Vorstellung zählt 8.000 Besucher. Bislang sind ihr über 1.800 weitere gefolgt.

Peter Hick vermutete schon damals mit sicherem Instinkt: Ein Großteil des Publikums – bis heute sind es gut zwei Drittel – würde aus dem Osten kommen. Wohl auch, weil Rügen wie die Ostsee an sich ein traditionelles Ferien-Traumziel für viele Menschen zwischen Eisenach, Görlitz und Berlin ist. Also beschließt er, möglichst viele Rollen mit Schauspielern der Defa und des DDR-Fernsehens zu besetzen. Einige der langjährigen Darsteller – Norbert Braun als allerersterster Störtebeker, Sascha Gluth als zweiter, Dietmar Lahaine als Goedeke Michels – werden zu Publikumslieblingen. Nicht zu vergessen Wolfgang Lippert – seit 20 Jahren der Balladensänger. Eine geniale Idee, die ein jedes Stück musikalisch aufwertet.

Peter Hick gewinnt Roland Oehme von der Defa als ersten Regisseur und beschäftigt sich selbst mit dem mittelalterlichen Störtebeker-Stoff:

„Störtebeker forderte mich heraus, in die Tiefe zu gehen", erinnert er sich. Er will mit seinen Stücken den historischen Ereignissen so weit wie möglich folgen, und dennoch die Legende nicht infrage stellen. Manchmal ein Kunststück. Wohl deshalb wird noch heute bei jeder Vorstellung das Publikum in Kenntnis davon gesetzt, dass man die Geschichte, die sehr großen Interpretationsspielraum bietet, in Ralswiek immer so erzählen

---

Mächtiger Gegner: der Deutschordensritter Konrad von Jungingen unterliegt auf der Ralswieker Bühne.

Seit 30 Jahren reitet Störtebeker auf der Bühne in Ralswiek und hält die Erinnerung an einen Seeräuber wach.

möchte, wie sie sich wirklich zugetragen haben könnte.

So reitet Klaus Störtebeker auch im 30. Festspieljahr 2024 im mittlerweile sechsten Aufführungszyklus wieder über die breite, von Sand bedeckte Bühne am Bodden. „Für einen Wimpernschlag der Geschichte", wie es in jeder Erzählung so schön heißt. Im ersten Festspieljahr zählen die Festspiele rund 78.000 Besucher, mittlerweile kommen bei den über 60 Vorstellungen pro Saison jährlich rund 350.000 Gäste ins Theater. Die Festspiele, die für Peter Hick und seine Familie zu einem Lebenswerk geworden sind, sind längst touristisches Schwergewicht an der Ostseeküste mit einem geschätzten touristischen Umsatzvolumen von rund 100 Millionen Euro pro Saison. Ermöglicht von einem rein privat finanzierten Kulturbetrieb. Die Festspiele sind zudem Arbeitgeber, Event und Identifikationsort für viele Mitwirkende aus der Gemeinde und den umliegenden Dörfern.

Ralswiek ist heute der Ort an der gesamten Ost- und Nordseeküste, an dem die Legende des Seeräubers Klaus Störtebeker mit großer Leidenschaft und künstlerischer Professionalität Jahr für Jahr aufs Neue erzählt und damit für viele Menschen lebendig wird. Niemand weiß, ob er wirklich gelebt hat. Und sollte er tatsächlich gelebt haben, so ist er nicht mehr als ein Schatten im Nebel der Geschichte. Die Festspiele geben ihm ein Gesicht und seine Abenteuer. Wer hätte gedacht, dass eine Figur aus dem fernen Mittelalter noch heute derart begeistern kann?

Begriffe und Figuren

Vitalienbrüder, Likedeeler, Seeräuber und Kumpane

Der Ursprung des Namens **Vitalienbrüder** ist umstritten. Eine weit verbreiteten These zufolge rührt der Name von einer waghalsigen Aktion der Seeräuber unter Mecklenburger Führung im Jahr 1394, die zum Ziel hatte, das von den Dänen belagerte Stockholm mit Lebensmitteln (Viktualien) zu versorgen. Allerdings taucht der lateinische Name „fratres Vitalienses" bereits 1390 in Kämmereirechnungen der Stadt Hamburg auf. In Frankeich werden Seeräubergruppen, die häufig Lebensmittel beschlagnahmen, bereits 1347 als „Vitailleurs" bezeichnet. Wahrscheinlicher für die Bezeichnung Vitalienbrüder ist wohl der Umstand, dass diese militärische Hilfstruppe im Gegensatz zu Söldnern für ihre Versorgung selbst verantwortlich ist. Sie raubt also Viktualien zur eigenen Verpflegung oder stellt ihre kämpferischen Dienstleistungen gegen Beteiligung an der Beute zur Verfügung.

Als Vitalienbrüder gelten insbesondere einzeln operierende Seeräubergruppen, die unter Führung mecklenburgischer Landadeliger ab 1391 in den Krieg zwischen Mecklenburg und Dänemark eingreifen. So vermerkt der Lübecker Franziskanermönch Detmar um 1395, Vitalienbrüder als militärische Hilfstruppen seien im dänisch-mecklenburgischen Krieg tätig. Nur hielten sie sich nicht an die Idee ihres Auftraggebers, sondern schädigen Freund und Feind gleichermaßen. Seeräuber sind jedoch nicht gleich Vitalienbrüder: Diese treten in der Regel als Geschäftspartner auf. Der Begriff wird zudem von der Hanse instrumentalisiert, um ein äußeres Feindbild zu schaffen, mit dem von inneren Konflikten der Hansestädte abgelenkt werden kann. In den 1430er-Jahren verliert sich der Begriff Vitalienbrüder wieder – aus ihnen werden schlicht Seeräuber.

Der niederdeutsche Begriff **„Likedeeler"** (Gleichteiler) wird den Seeräubern in der Nordsee zugeschrieben, wohin sich die Vitalienbrüder teilweise schon aber 1395, vollständig aber nach der Vertreibung von der Insel Gotland und aus dem Ostseeraum durch den Deutschen Orden 1398 zurückziehen. „Like deelen“, zu gleichen Teilen teilen, wird heute als soziales Gruppenverhalten der Seeräuber interpretiert.

Gödeke, Godeke oder Goedeke Michels, auch Gottfried Michelsen, gilt als Hauptmann der Vitalienbrüder und ist zu Lebzeiten offensichtlich weitaus bekannter als Klaus Störtebeker. Er wird Ende 1394 erstmals in den Quellen erwähnt und vermutlich 1401 und damit nach Störtebeker auf dem Grasbrook in Hamburg geköpft. Beide müssen sich zumindest gekannt haben, ob sie befreundet waren, ist nicht zu klären.

Auch **Magister Wigbold** (Wycholt) gilt als ein Anführer der Vitalienbrüder, über den es keine zeitgenössischen Quellen gibt und dem eine schillernde Lebensgeschichte angedichtet wird. Er wird zusammen mit Goedeke Michels gefangen genommen und hingerichtet. In der Lübecker Rufus-Chronik wird er als „ein Mester an den seven Kunsten“ bezeichnet. Er wird offenbar in einem Kloster unterrichtet und soll im englischen Oxford (die sieben freien Künste) studiert haben.

(Henning) **Wichmann** und **Klaus Scheld** (Clays Scheld) sind zwei weitere Anführer der Vitalienbrüder. Wichmann wird den Chronisten zufolge gemeinsam mit Klaus Störtebeker gefangen genommen und 1400 in Hamburg hingerichtet. Klaus Scheld muss sowohl Störtebeker als auch Michels gekannt haben, vermutlich ist auch er

---

Die Koggen auf dem Großen Jasmunder Bodden vermitteln einen Eindruck von der Seefahrt zu Störtebekers Zeiten.

mit einem der beiden bei den Hamburger Hinrichtungs-Orgien 1400 oder 1401 zu Tode gekommen.

Arnd Stuke wird in den Quellen als ein Seeräuber-Hauptmann der frühen Generation von 1395 genannt – nicht jedoch in Zusammenhang mit Goedeke Michels oder Klaus Störtebeker.

Sven Sture ist zunächst dänischer Hauptmann von Königin Margarethe, der ab 1395 die Insel Gotland mit seinen Truppen besetzt – mit Ausnahme Visby, die vom Mecklenburger Hauptmann Albrecht von Pecatel gehalten wird. Nach der Einnahme ganz Gotlands 1397 durch Erich von Mecklenburg, leistet er diesen den Lehnseid. Erichs Witwe, Sophia von Pommern-Wolgast, macht ihn schließlich zum Oberbefehlshaber der Insel, bis der Deutsche Orden die Vitalienbrüder 1398 von Gotland vertreibt.

Der Mecklenburger Adlige **Albrecht von Pecatel** besetzt während des dänisch-mecklenburgischen Krieges die Stadt Stockholm. Im Jahr 1394 eroberte er mit Hilfe der Vitalienbrüder die Insel Gotland.

Die Herrscher des Ostseeraums um 1400

Die Königin von Schweden, die Herzöge von Mecklenburg

Waldemar IV. Atterdag
König von Dänemark (um 1321–1375)
Tochter Ingeborg (1347–ca. 1370)
⚭ mit **Heinrich III.**, Herzog zu Mecklenburg
Tochter Margarethe (1353–1412)
⚭ mit **Hakon VI.**, König von Norwegen

Heinrich III. zu Mecklenburg
Herzog zu Mecklenburg (um 1337–1383)
Vater **Albrecht II. (d. Ä,)** (1318–1379),
Herzog zu Mecklenburg
Bruder **Albrecht III.** (1338–1412),
Herzog zu Mecklenburg und König von
Schweden (bis 1389)
Sohn **Albrecht IV. (d. J.)** (1363–1388),
Herzog zu Mecklenburg
Ehefrau **Ingeborg von Dänemark**

Margarethe I. von Dänemark
Herrscherin von Dänemark, Königin von Norwegen und Schweden (1353–1412)
Sohn **Olaf II.** (1370–1387),
König von Dänemark, König von Norwegen

Denkmal für Margarethe I., Herrscherin über Dänemark, Königin von Norwegen und Schweden.

Albrecht II. (d. Ä.)
Herzog zu Mecklenburg (1318–1379)
Sohn **Albrecht III.** (1338–1412),
Herzog zu Mecklenburg,
König von Schweden (bis 1389)
Sohn **Heinrich III.** (1337–1383),
Herzog zu Mecklenburg

Albrecht III.
Herzog zu Mecklenburg und
König von Schweden (1338–1412)
Sohn **Erich**
Vater **Albrecht II. (d. Ä.)** (um 1338–1312)

Albrecht IV. (d. J.)
Herzog zu Mecklenburg (d. J.) (1363–1388)
Vater **Heinrich III.** (1337–1383),
Herzog von Mecklenburg

Erich
Herzog zu Mecklenburg (nach 1359–1397)
Vater **Albrecht III.** (1338–1412),
Herzog von Mecklenburg

Die Hanse

Der mächtige Bund der Kaufleute

Der Begriff der Hanse meint ursprünglich eine Schar oder Kohorte und bezeichnet seit dem 12. Jahrhundert eine auf den Fernhandel gerichtete Gemeinschaft reisender Kaufleute. Die Hanse ist auch eine Abgabe für die Teilnahme am gemeinsamen Fernhandel.

Der mächtige und in der mittelalterlichen Geschichte einzigartige Handelsverband der Hanse, der in ihrer Glanzzeit die meisten Kaufleute und Städte vom Niederrhein über den norddeutschen Raum bis ins Baltikum angehören, entsteht seit Mitte des 13. Jahrhunderts über politische Grenzen hinweg an den Nord- und Ostseeküsten. Zunächst als Zusammenschluss norddeutscher Kaufleute, ab Mitte des 14. Jahrhunderts als Städtegemeinschaft mit zunächst 80, zeitweise aber bis zu 200 See- und Binnenstädten auf einem Gebiet von rund 1.500 Kilometern Länge. Dabei bilden sich im Lauf der Zeit mehrere Handelsrouten und Zentren vor allem im Osten und Norden heraus: Etwa Visby auf Gotland und Nowgorod, Bergen und Stockholm, natürlich das 1159 gegründete Lübeck, Hamburg, Brügge und London. Die Hanse unterhält eine Vielzahl von Niederlassungen und sogar mehrere Auslands-Kontore, die die Angelegenheiten der Kaufleute vor Ort regeln – etwa Tyske Bryggen in Bergen, Guildhall in London, Sankt-Peter-Hof in Nowgorod und Brügge. Die Hanse gründet zahlreiche

---

Der Alte Hafen in Danzig. Die Forschung vermutet einen Danziger Kaufmann als die wahre historische Person hinter Störtebeker.

Städte: Rostock, Riga, Wismar, Stralsund, Kolberg oder Elbing bei Danzig. Damit unterstützen die Kaufleute aktiv die Besiedlung der Gebiete an der östlichen Ostsee und sichern sich dort entsprechend Einfluss.

Durch ihren Verbund sind die Kaufleute der Hanse in der Lage, mit den jeweiligen Landesherren und Städten Handelsprivilegien und auch Rechtsnormen auszuhandeln, die vor allem das Eigentum an den gehandelten Waren schützen sollen. Sie entwickeln ein für mittelalterliche Verhältnisse vorbildliches Schrift- und Rechnungswesen, das den Kaufleuten ermöglicht, nicht mehr selbst mit ihren Waren in See stechen zu müssen, sondern für die gefährlichen Reisen Angestellte zu beauftragen. Wichtige Angelegenheiten besprechen die Kaufleute bei Hansetagen, die in unregelmäßigen Abständen in verschiedenen Hansestädten einberufen werden. Die Führung übernimmt die Stadt Lübeck, wo auch die meisten Hansetage stattfinden. Hier befindet sich heute auch das Europäische Hansemuseum.

Die Hanse ist auch eine prägende politische Kraft

– obwohl sie nicht losgelöst von der landesherrlichen Gewalt existiert, weder eigene Truppen, noch eine Flotte, noch eigene Finanzen besitzt. Die Mitglieder der Hanse eint im Lauf ihrer fast 500-jährigen Geschichte zwischen 1150 und 1650 gemeinsame wirtschaftliche Interessen und ein starkes Solidaritätsgefühl. Das macht noch heute, beim Blick zurück, ihre Faszination aus.

Die Störtebekerzeit fällt in die Epoche der Ausprägung einer hansischen Städtegemeinschaft, die die Interessen ihrer Kaufleute vertritt. Im Verlauf des 15. Jahrhunderts kann die Hanse diese politische Macht festigen. Sie ist zeitweise sogar in der Lage, militärisch einzugreifen und besteht den wirtschaftlichen Konflikt mit Flandern ebenso wie den Dänischen Krieg. Mit Beginn des 16. Jahrhunderts hat das Wirtschaftssystem der Hanse jedoch seinen Höhepunkt überschritten. Sie verliert politische Macht an die aufstrebenden Monarchien und Territorialstaaten. Die wirtschaftliche Konkurrenz ist schließlich zu groß, um gemeinsame Interessen und Ziele zu bündeln und zu vertreten.

Seeleute hatten kein leichtes Leben auf einer mittelalterlichen Kogge, aber faszinierend ist ein solches Schiff heute noch immer. Der Nachbau der als Wrack geborgenen Kogge vor der Insel Poel liegt in Wismars Alten Hafen vor Anker.

Literatur

Dollinger, Philippe: „Die Hanse“, Alfred Kröner Verlag Stuttgart, 1998.

Bents, Harm: „Störtebeker. Dichtung und Wahrheit“, Verlag Soltau-Kurier Norden, 1992.

Zimmerling, Dieter: „Störtebeker & Co. Die Blütezeit der Seeräuber in Nord- und Ostsee“, Verlag Die Hanse Hamburg, 2005.

Puhle, Matthias: „Die Vitalienbrüder“, Campus-Verlag, Frankfurt a. Main, 2012.

Dummschat, Gabriele: „Klaus Störtebeker und die Hanse. Seefahrt und Piratenleben“, Hinstorff Verlag Rostock, 2016.

Gundlach, Heinz (Hrsg.): „Klaus Störtebeker in Ralswiek“, Hinstorff Verlag Rostock 1984.

Koppmann, Karl: „Der Seeräuber Klaus Störtebeker in Geschichte und Sage“. In: Hansische Geschichtsblätter, Bd. III, Jahrgang 1877, Leipzig 1879.

Europäisches Hansemuseum (Hrsg.): „Störtebeker und Konsorten“, Wachholz Verlag Kiel/Hamburg 2019.

Berndt, Jens-Uwe: „Peter Hick. Stuntmann, Winnetou und Störtebeker“, Hinstorff Rostock 2022.

Rohmann, Gregor: „Der Kaperfahrer Johann Stortebeker aus Danzig“. In: Hansische Geschichtsblätter, Bd. 125 (2007).

Weisheiten von Goethe und Schiller
Klassische Küchenkräuter
Klassische Heilkräuter
Klassische Gewürze
Homöopathische Hausapotheke
Gesundheit aus der Tasse
Das Monats- & Feiertagsbüchlein
Großmutters Küchentipps
Großmutters Haushaltstipps
Klassisches Gemüse und Wildgemüse
Klassisches Obst und Wildfrüchte
Mit Bauernregeln durch das Jahr
Kleines Thüringer Bratwurst-Buch
Kleines Thüringer Kloßbuch
Kleines Skatbuch
Großmutters Gesundheitstipps
Kleines Usedom-A-Z
Redewendungen auf der Spur
Die Rhino-Westentaschen-Bibliothe
Der Harz von A bis Z
Das kleine Strandbuch
Ilmenau von A bis Z
Bibelsprüche
Das kleine Buch der Wettiner
Die Thüringer Landgrafen
Kleine Geschichte Thüringens
Der Rasende Roland
Kreuz & quer gedacht
Thüringer Klöster
Wiederentdeckte Kräuter
Besondere Kirchen in Thüringen
Kleine Geschichte Sachsens
Theodor Fontane – landauf, landab
Das kleine Wismarbuch
Der Brocken - Mythos und Wirklichkeit
Das kleine Buch der Thüringer Trachten
Kleines Tucholskybuch
Der Molli
SCHLÖSSER- & BURGENLAND zwischen Saale und Unstrut
Das kleine Buch der SÄCHSISCHEN BURGEN & FESTUNGEN
Kleine GESCHICHTE MECKLENBURGS
RHINOVERLAG
Unser komplettes Programm finden
Sie im Internet unter: shop.vggh.de
Neuerscheinung

Thüringer Burgen
Thüringer Kuchen & Plätzchen
Kleines Kürbisbuch
Buddhistische Weisheiten
Großmutters Gartentipps
Weimar von A bis Z
Kleines Berliner Mauerbuch
Rügen von A bis Z
Das kleine Ostseemöwen-Buch
Heil- und Kräuterschnäpse
Großvaters Handwerkstipps
Weisheiten für den Gartenfreund
Das kleine Waldbeerenbuch
Das kleine Hochzeitsbuch
Kleine Geschichte der Stadt Erfurt
Kleine Geschichte der Stadt Gotha
Auf den Spruch geklopft
Die Rhino-Westentaschen-Bibliothek
Kleine Geschichte der Hanse
Kleine Geschichte der Stadt Dresden
Die Krämerbrücke
Küstenwind küsst Würstenland
August der Starke
Kleines Thüringer Weinbuch
Marzipan & Nougat
Kleines Steakbuch
Das kleine Fehmarn-Buch
Kluge Köpfe rollen am schnellsten
Thüringer Tapas
Kleine Geschichte der Stadt Leipzig
Kleines Thüringer Porzellanbuch
Die deutsche Sprache ist ein Witz
Das kleine Lavendelbuch
Barbarossa
Kleine Geschichte Sachsen-Anhalts
Suppen
Die Thüringer Bergbahn
Limericks & Schlimmericks
Küstenküche
RÜGEN
Störtebeker
RHINOVERLAG
Frühjahr 2024
RHINOVERLAG